Mon calepin d'auteur

pour ceux... qui n'ont pas le temps d'écrire

Titre du projet: _____

_____

Nom: _____

Contact: _____

Courriel (email): _____

Téléphone: _____

WhatsApp/autre: _____

Adresse: _____

Ville: _____

_____

Code postal: _____

Pays: _____

Si ce calepin ne t'appartient pas, je te prie de bien vouloir contacter l'auteur afin de le lui remettre. Il y a mis tous ses temps libres afin de pouvoir publier un récit exclusif reflétant ses idées pour créer un monde différent.

Merci de respecter le travail difficile de cet auteur.

DES IDÉES POUR CRÉER UN MONDE

"Mon calepin d'auteur" fait partie d'une série d'ouvrages de formation destinés à aider tous les écrivains, débutants ou non, à écrire leur livre. Ce calepin n'est vendu que sous forme brochée, ou papier, afin de faciliter la production d'un manuscrit sans être devant ton ordinateur.

Design et illustrations : Yves Béland

Publié aux Éditions Abisai

Copyright © Yves Béland 2017.

ISBN: 978-2-924767-09-2

Tous droits réservés. Toutes reproductions et/ou modifications sont strictement interdites sans l'autorisation écrite de l'auteur. Merci de respecter le travail difficile qu'apporte la production d'un manuscrit.

Ce calepin fait suite à la production du livre **"Créativité 101"**, disponible en format électronique :

http://yvesbeland.com

En échange de ton adresse courriel, tu peux te le procurer gratuitement. Il est entendu que ton adresse courriel servira à te contacter directement lors de nouvelles publications d'articles, de promotions de nouveaux produits et autres informations utiles au développement d'une pensée créatrice. À tout moment, tu peux te désabonner. Il est clair aussi que jamais ton adresse ne sera donnée ou vendue.

Tu veux partager ton expérience ou me faire part de commentaire ? Contacte-moi.

yves@yvesbeland.com

CONTENU

- COMMENT UTILISER CE CALEPIN? 4
- LA PROCÉDURE À SUIVRE 5
- TA MISSION: 7
- ÉCHÉANCIER 8
- IDÉES DIVERSES 15
- SYNOPSIS 19
- PERSONNAGES 23
- LIENS 34
- DÉCLENCHEURS et SOMMETS 39
- CONFIGURATION MENTALE 45
- LIGNE CHRONOLOGIQUE 53
- STRUCTURE DU TEXTE 61
- VOCABULAIRE EXCLUSIF 83
- CONNECTEURS ET MOTS-CHARNIÈRES 87
- NOTES DIVERSES 89
- LES MOTS DE LA FIN 99

COMMENT UTILISER CE CALEPIN?

Ce calepin remplace ton ordinateur ? Oui. Il ne peut pas trouver des idées, penser à ta place et créer. Si en plus tu n'as pas ces moments libres pour écrire, ne perds plus de nombreuses heures devant un écran. Ton temps est précieux, utilise-le efficacement.

Si tu as besoin d'aide, procure-toi gratuitement le livre "Créativité 101" sur le site "yvesbeland.com". C'est rempli d'idées et de trucs pour produire un livre.

Autrement, ce calepin va te motiver à démarrer ton projet. Trimballe-le partout avec toi : sur ta table de chevet, dans ton cartable, dans ton sac à dos, dans ta poche. C'est ton outil de création. Tu n'as qu'à l'ouvrir pour écrire l'idée que tu viens d'avoir, là maintenant, sans perte de temps. Tu seras beaucoup plus fonctionnel avec un ordinateur pour passer à l'étape d'écriture qu'une fois ton calepin d'auteur bien rempli.

En attendant, sors, va jouer dehors, va te promener, va découvrir le monde, ton monde, et t'en inspirer. C'est l'occasion idéale pour créer ton histoire, avancer dans ton projet, trouver des personnages, trouver des idées, des déclencheurs, des confrontations, des conflits. Tu ne seras jamais aussi à l'aise pour créer en ayant ton calepin d'auteur dans la poche pour noter ces idées qui surgissent à ton esprit et sans avertissement que maintenant. Sors ton crayon, aiguise-le bien, on part !

LA PROCÉDURE À SUIVRE

Chaque chapitre comprend une courte introduction pour te guider et te rafraîchir l'esprit sur le contenu que tu as à créer. Le but de ce calepin n'est pas de te donner une formation mais de t'aider à créer.

L'écriture commence toujours avec une structure bien organisée. C'est cela que tu retrouves dans ce calepin. C'est un guide que tu remplis au fur et à mesure que tes idées déboulent en une cacophonie littéraire. À toi de démêler ces mots et les placer aux bons endroits. Tu penses à un **personnage**, la page est prête à recevoir tes idées. Tu penses à un **conflit**, va l'écrire tout de suite à la page des **déclencheurs et sommets**. Tu pourras trouver plus tard comment résoudre ce conflit. Tu veux jeter d'**autres idées** comme elles arrivent, les pages des idées sont prêtes à les recevoir. Tu veux créer un début d'histoire, va aux pages **configuration mentale** et dessine les **liens** entre tes idées pour commencer à avoir une structure. Ensuite, tu n'as qu'à poser ces différentes idées sur la **ligne chronologique** pour bâtir le déroulement de ton histoire. Puis de là, organise tes chapitres, déclencheurs et confrontations dans la section **structure chronologique**. C'est le squelette de ton manuscrit.

Une fois fait, il ne te restera plus qu'à transposer cette structure chronologique dans ton traitement de texte et mettre les mots pour compléter toutes ces fantastiques idées. Un monde est à naître, le tien.

TON RÔLE :
ÉCRIVAIN

TON BUT :
ÉCRIRE UNE GRANDE HISTOIRE

TON BUDGET :
LIMITÉ

TES DÉLAIS :
SERRÉS

TA MISSION :
SOIS CRÉATIF

DES IDÉES POUR CRÉER UN MONDE

yvesbeland.com

ÉCHÉANCIER

Un échéancier te permet de te fixer des buts à atteindre pour chaque étape, mais sois réaliste, donne-toi du temps pour les réaliser sans avoir à courir après ce temps.

Cependant, ne remplis pas cet échéancier tout de suite. Il vaut mieux que tu puisses évaluer la gestion des heures ou moments disponibles que tu as dans la journée. Il vaut mieux te laisser une marge de temps favorable et tant mieux si tu as plus de temps que prévu, que d'avoir un horaire si serré que tu vas te décourager. Il n'y a pas de comparaison à faire avec un autre auteur ou apprenti auteur. Tu dois y aller avec ton propre rythme, tu seras beaucoup plus fonctionnel dans ta production.

Le calendrier s'étend sur 14 semaines, ce qui est amplement suffisant pour les premières étapes d'ébauche de ton livre qui comprennent la recherche d'idées, les liens à y faire, les personnages à développer, la structure de ton récit autant au niveau chronologique que le développement de la structure proprement dite. C'est la partie la plus difficile. Tout repose sur cela.

La partie la plus facile mais beaucoup plus longue, et tout aussi importante, est l'écriture, ce que tu feras sur ton ordinateur. C'est là où tu pourras tirer un grand bénéfice de puissants outils comme le traitement de texte et les dictionnaires qui seront à ta portée.

Sois efficace !

Semaine 1: _____
Lundi _____
Mardi _____
Mercredi _____
Jeudi _____
Vendredi _____
Samedi _____
Dimanche _____

Semaine 2: _____
Lundi _____
Mardi _____
Mercredi _____
Jeudi _____
Vendredi _____
Samedi _____
Dimanche _____

Semaine 3: _____
Lundi _____
Mardi _____
Mercredi _____
Jeudi _____
Vendredi _____
Samedi _____
Dimanche _____

Semaine 4: _____

Lundi _____
Mardi _____
Mercredi _____
Jeudi _____
Vendredi _____
Samedi _____
Dimanche _____

Semaine 5: _____

Lundi _____
Mardi _____
Mercredi _____
Jeudi _____
Vendredi _____
Samedi _____
Dimanche _____

Semaine 6: _____

Lundi _____
Mardi _____
Mercredi _____
Jeudi _____
Vendredi _____
Samedi _____
Dimanche _____

Semaine 7: _____
Lundi _____
Mardi _____
Mercredi _____
Jeudi _____
Vendredi _____
Samedi _____
Dimanche _____
Semaine 8: _____
Lundi _____
Mardi _____
Mercredi _____
Jeudi _____
Vendredi _____
Samedi _____
Dimanche _____
Semaine 9: _____
Lundi _____
Mardi _____
Mercredi _____
Jeudi _____
Vendredi _____
Samedi _____
Dimanche _____

Semaine 10: _____

Lundi _____

Mardi _____

Mercredi _____

Jeudi _____

Vendredi _____

Samedi _____

Dimanche _____

Semaine 11: _____

Lundi _____

Mardi _____

Mercredi _____

Jeudi _____

Vendredi _____

Samedi _____

Dimanche _____

Semaine 12: _____

Lundi _____

Mardi _____

Mercredi _____

Jeudi _____

Vendredi _____

Samedi _____

Dimanche _____

Semaine 13: _____

Lundi _____

Mardi _____

Mercredi_____

Jeudi _____

Vendredi_____

Samedi _____

Dimanche _____

Semaine 14: _____

Lundi _____

Mardi _____

Mercredi_____

Jeudi _____

Vendredi_____

Samedi _____

Dimanche _____

IDÉES DIVERSES

Ces pages sont dédiées à écrire un peu ce qui te passe par la tête pour ton histoire. Tu veux écrire mais tu ne sais pas comment amorcer ton récit ? Alors écris quelques idées, des idées d'histoire. En faisant des liens, des comparaisons, des changements de faits, de lieux, de situations, de réactions de tes personnages, tu vas créer ton histoire.

Comment procéder ?

Tu peux partir avec les besoins fondamentaux des êtres humains (et les adapter à des êtres vivants dans une autre dimension, d'autres univers ou des objets).

Le but premier d'une histoire est de raconter quelque chose de spécial. Personne ne s'intéresse au quotidien banal de quelqu'un à moins que quelque chose d'extraordinaire lui arrive (mais ne fais pas trop languir ton lecteur sinon il va fermer ton bouquin avant d'y arriver). Tu veux une histoire intéressante à raconter ? Alors c'est ici que la pratique commence.

Que ce soit un danger imminent (astéroïde, requin, fin du monde, dinosaures, empereur belliqueux d'une autre planète, envahisseurs, vengeance, tueur en série, etc.), ou une histoire d'amour qui tourne mal (maladie mortelle, jalousie, tromperie, banalité dans le couple, crise existentielle), ton récit emportera le lecteur à condition que ton histoire soit principalement passionnante et intéressante. C'est cette passion qui alimentera le lecteur.

IDÉES DIVERSES 1

IDÉES DIVERSES 2

IDÉES DIVERSES 3

SYNOPSIS

Tu as 3 pages pour te pratiquer à écrire tes synopsis. Ils te seront d'une grande utilité pour développer ton histoire lorsque tu arriveras à la configuration mentale, les déclencheurs et confrontations.

Mais qu'est-ce qu'un synopsis ?

Il s'agit d'un résumé de ton histoire. Pratique-toi à résumer ton histoire en 2 lignes, en 10 lignes, en 25 lignes. Lorsqu'il s'agit de donner un synopsis à un distributeur, que ce soit Amazon, Smashword ou Kobo pour ne nommer que ceux-ci dans la distribution de livres électroniques, il te sera régulièrement demandé de raconter ton histoire en quelques lignes. Le lecteur veut savoir quel genre de récit est ton livre.

Ton entourage va également te poser la question : "Et ton livre, qu'est-ce que ça raconte ?" Tu ne te mettras pas à décrire en menus détails chaque événement. Ils ne veulent pas le lire, du moins pas encore, mais il faut susciter l'intérêt. Donne-leur le thème, le sujet, les grandes idées véhiculées et le genre. Raconte-leur un de tes résumés. S'ils veulent en savoir davantage, raconte-leur le résumé de 25 lignes. Puis raconte-leur quelques événements reliés à tes personnages. S'ils sont encore accrochés, bravo ! Donne ou vend-leur une copie !

SYNOPSIS 1

SYNOPSIS 2

SYNOPSIS 3

PERSONNAGES

Les personnages sont les éléments essentiels et primordiaux de ton récit. Ces personnages revêtent différentes formes : des fées, des fleurs, des insectes, des extra-terrestres, des hommes et des femmes en exil, des esclaves ou des dieux. Ce sont tes créations. Et ces personnages ont des émotions, des sentiments, même les plus cruels ou les plus divins. Ils ont une histoire, des qualités et des défauts. Fais ressortir les principaux, mets-les en lumière, et surtout, fais en sorte que ces attributs fassent partie de ton récit.

Les descriptions sont toujours nécessaires afin que le lecteur puisse "voir" dans son imaginaire le personnage comme tu l'as créé. Ces descriptions sont autant celles reliées à l'apparence qu'à la façon que ton personnage a de penser, de marcher, de se comporter. Dessine-les très visuels, et décris-les en de simples mots. Si tu appuies davantage sur un attribut, assure-toi que cela deviendra une pierre de lance ou une épée de Damoclès pour ce dernier.

Tu as 10 pages pour parler de tes personnages. Tu peux prendre une page par personnage, mais si tu en as moins de 10, tu peux tout aussi bien apporter plusieurs descriptions et ajouter les expressions (verbales ou physiques) qui leur sont communes. Donne-leur un nom, un surnom et/ou une caractéristique qui les identifient facilement des autres personnages de ton récit. Rends-les uniques et attachants, froids, cruels, braves, peureux ou autre, mais insuffle leur la vie dans ton histoire.

PERSONNAGES 1

PERSONNAGES 2

PERSONNAGES 3

PERSONNAGES

PERSONNAGES 5

PERSONNAGES 6

PERSONNAGES 7

PERSONNAGES 8

PERSONNAGES ?

PERSONNAGES 10

LIENS

Quels sont les liens qui unissent tes personnages ou tes événements, qu'ils soient positifs ou négatifs ? Un ennemi est toujours lié au héros, les amoureux sont liés par l'amour, un chevalier est lié par une cause, un criminel est lié par l'assouvissement d'un événement ou un résultat, un justicier est lié par la vengeance. Chacun de tes personnages a une histoire et c'est grâce aux liens que le lecteur réussit à comprendre les raisons qui joignent ces individus qui autrement n'ont aucun lien entre eux.

Pour bien ficeler ton histoire, ces pages vont t'aider à créer ces petits bouts de récit qui ne peuvent pas forcément se retrouver dans la description de tes personnages et ni dans ton histoire à proprement parler. Ces liens vont surgir à des moments décisifs dans la vie de tes personnages et dans ton récit. Fais-les vivants. Fais en sorte que ces raisons soient justifiées. Fais-les remonter dans le temps, à l'enfance, à des années-lumière, à des temps perdus dans les confins de l'espace, à une période cruciale ou à des justifications souvent délicates ou anodines.

Les liens serviront à faire les ponts entre tes chapitres, tes paragraphes, tes personnages, tes situations et tes lieux. Utilise-les judicieusement, ils te seront d'une grande utilité !

LIENS 1

LIENS 2

LIENS 3

LIENS 4

DÉCLENCHEURS ET SOMMETS

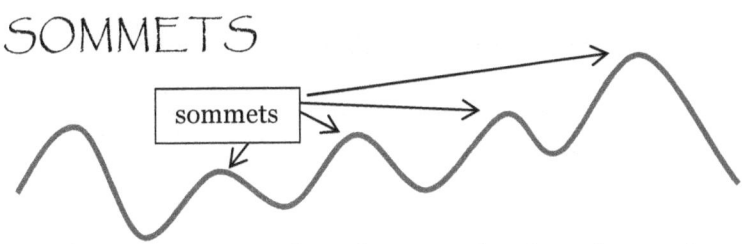

Un déclencheur est la raison ou la situation qui va conduire les personnages vers une confrontation (sommet ou peak). Souvent, on retrouve trois phases de confrontation dans une histoire : une tentative suivie d'un échec cuisant, une seconde tentative résultant à un autre échec, puis la troisième qui est un succès. Ces phases doivent former une montée (ou crescendo) en suspense et tensions émotives.

Plus on avance dans le récit, plus grands sont les dangers, plus violent est le drame, plus fort est la tempête, plus dangereux est l'antagoniste, plus brave doit être le héros et plus précaire est la survie de l'humanité.

Élabore tes plans, trouve des déclencheurs et confrontations, construis-les de façon à créer un crescendo puissant. Décris-les puis bâtis les schémas.

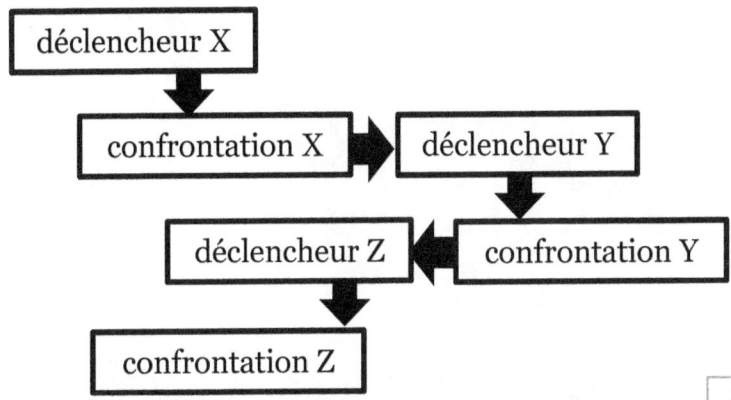

DÉCLENCHEURS et SOMMETS 1

DÉCLENCHEURS et SOMMETS 2

_____
_____
_____
_____
_____
_____
_____
_____
_____
_____

DÉCLENCHEURS et SOMMETS 3

DÉCLENCHEURS et SOMMETS 4

DÉCLENCHEURS et SOMMETS 5

Configuration mentale

La configuration mentale est la façon visuelle de trouver des idées, les assembler les unes aux autres en créant des liens (flèches). Peu importe le genre que tu préconises, les événements répondent toujours à au moins une de ces questions: **Où ? Qui ? Quoi ? Quand ? Comment ? Et surtout, pourquoi ?**

Les réponses vont permettre à tes personnages d'évoluer, de se battre, mourir ou vivre, ne pas lâcher prise, se venger ou pardonner, abandonner ou même risquer de chambouler l'ordre des univers.

Construis des ballons pour chaque idée tout en te posant ces questions. Tu vas bâtir ta configuration mentale en peu de temps tout en créant visuellement des liens entre tes idées.

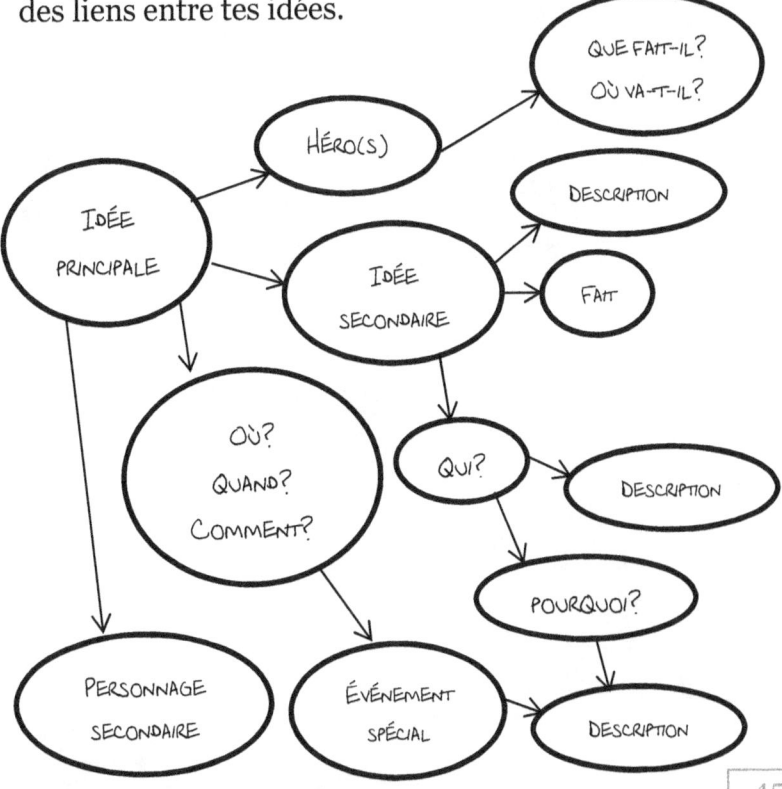

CONFIGURATION MENTALE 1

CONFIGURATION MENTALE 2

CONFIGURATION MENTALE 3

CONFIGURATION MENTALE 4

CONFIGURATION MENTALE 5

CONFIGURATION MENTALE 6

CONFIGURATION MENTALE 7

LIGNE CHRONOLOGIQUE

Cette partie va donner corps à ton récit. C'est ici que tu mets dans un ordre chronologique toutes les idées que tu as développées dans ta configuration mentale. Tu vas les positionner de façon à bâtir un crescendo nécessaire à toute bonne histoire.

Un prologue fort, concentré en émotions avec un suspense et des péripéties à en couper le souffle annonce le ton, le rythme et les prémisses de la confrontation finale. C'est aussi cette partie qui va clouer le lecteur sur sa chaise pour poursuivre la lecture.

L'introduction permet de reprendre ton souffle et de présenter tes personnages principaux, de façon originale bien sûr. Mais ne t'attarde pas trop et ajoute d'autres éléments surprise pour venir taquiner le lecteur et lui dire dans le creux de l'oreille "Attends, ça ne fait que commencer". Ajoute quelques autres points forts.

Il est important de retenir les différentes phases de ton histoire. Si tu te rappelles l'ECG (expliqué dans "Créativité 101"), c'est à cette étape-ci que va se bâtir ces montagnes russes d'événements et d'émotions. Appose tes déclencheurs et sommets aux bons endroits de façon à créer un crescendo et un suspense. Ceci n'élimine en rien les autres points de ton histoire, mais place-les de façons à créer ce crescendo. N'hésite pas à effacer et repositionner tes positions pour affiner le rythme.

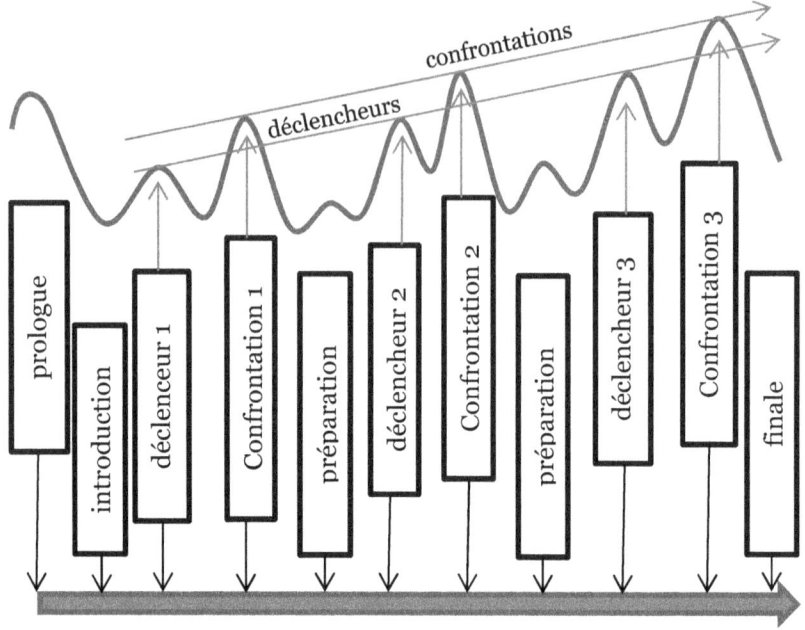

Mes trois déclencheurs sont positionnés par ordre chronologique mais aussi par ordre d'importance. Le premier déclencheur est moins puissant que le troisième, de même que la première confrontation est moins chargée d'émotions que la troisième. Si le contraire survenait, l'histoire serait moins intéressante car on partirait avec de grosses émotions pour terminer avec quelque chose de moins passionnant, ce qui déçoit le lecteur qui s'attendait à une finale haute en couleur. À toi de bâtir ton récit en fonction de la charge émotionnelle que tu veux transmettre. Pour t'y aider, dessine une courbe comme celle ci-haut. Mets tes éléments en place et organise-toi pour que tu répondes à ces attentes tracées par ta courbe. Plus elle est haute, plus grandes sont les émotions et plus chargée est l'action.

LIGNE CHRONOLOGIQUE 1

LIGNE CHRONOLOGIQUE 2

LIGNE CHRONOLOGIQUE 3

LIGNE CHRONOLOGIQUE 4

LIGNE CHRONOLOGIQUE 5

LIGNE CHRONOLOGIQUE 6

STRUCTURE DU TEXTE

À partir de ta ligne chronologique, reporte tes idées dans cette structure du texte. Comme ces idées sont maintenant bien répertoriées, de façons précises quant aux points charnières, déclencheurs et sommets, cette dernière étape va devenir le squelette définitif de ton livre. Il est donc important de suivre ta chronologie pour ne pas te perdre dans le flot du récit. C'est la seule façon de gagner un temps précieux, autant à cette étape que pour les suivantes.

Ta structure ainsi organisée te donnera en un clin d'œil l'apparence finale de ton manuscrit. Il ne te reste plus qu'à développer davantage tes mots-idées en phrase. Ces phrases ressembleront à de courts résumés de tes futurs paragraphes. Mais ne te lance pas, du moins pas à cette étape-ci, dans de longues définitions et descriptions. Tu n'as pas le temps et ni l'espace pour le faire.

Mais tu peux décider de séparer ton récit en chapitres et chorégraphier tes finales (tu te rappelles des liens ?) de façon à ce que le lecteur soit fortement invité à tourner la page afin de poursuivre le récit.

Si tu décides de faire des chapitres, retourne d'abord à l'étape de la ligne chronologique. Regarde où tu peux séparer ton récit en chapitres et entame les coupes. Tu verras plus précisément comment se présente ton récit. Reporte le tout dans la structure du texte comme mentionné précédemment.

STRUCTURE CHRONOLOGIQUE 1

STRUCTURE CHRONOLOGIQUE 2

STRUCTURE CHRONOLOGIQUE 3

STRUCTURE CHRONOLOGIQUE 4

STRUCTURE CHRONOLOGIQUE 5

STRUCTURE CHRONOLOGIQUE 6

STRUCTURE CHRONOLOGIQUE 7

STRUCTURE CHRONOLOGIQUE 8

STRUCTURE CHRONOLOGIQUE ?

STRUCTURE CHRONOLOGIQUE 10

STRUCTURE CHRONOLOGIQUE 11

STRUCTURE CHRONOLOGIQUE 12

STRUCTURE CHRONOLOGIQUE 13

STRUCTURE CHRONOLOGIQUE 14

STRUCTURE CHRONOLOGIQUE 15

STRUCTURE CHRONOLOGIQUE 16

STRUCTURE CHRONOLOGIQUE 17

STRUCTURE CHRONOLOGIQUE 18

STRUCTURE CHRONOLOGIQUE 19

STRUCTURE CHRONOLOGIQUE 20

STRUCTURE CHRONOLOGIQUE 21

VOCABULAIRE EXCLUSIF

Cette partie sert à inclure les différentes expressions, phrases ou locutions particulières qui seront développées ou utilisées dans ton récit.

Il peut s'agir aussi d'un nouveau vocabulaire de mots, de nouvelles inventions, des appareils futuristes. Nomme-les, décris-les, dessine-les même si ça peut t'aider, ou encore, colle des photos représentant ces nouveaux engins avec des modifications dessinées à la main. Tout ce qui peut t'aider est permis. Profite-en, ce ne sera pas toujours ainsi !

VOCABULAIRE EXCLUSIF

CONNECTEURS ET MOTS-CHARNIÈRES

Ce sont des mots déjà existants et que tu connais très bien. On les utilise souvent à l'école pour faire varier les compositions des étudiants. Au lieu de répéter toujours le même "et", on trouve un synonyme. Ça ne change rien au sens de la phrase mais est beaucoup moins redondant à lire. Cela ajoute de la couleur au texte !

Ces liens se trouvent facilement sur internet. Voici un de ces liens que tu peux recopier.

https://www.etudes-litteraires.com/liens-logiques.php

Pour les besoins immédiats, cette page est retranscrite ci-après.

Une autre page web,

http://fr.tsedryk.ca/grammaire/redaction/Marqueurs_de_relation.htm

tu as plusieurs marqueurs de relation, connecteurs ou mots-charnières que ce soit pour introduire un sujet, marquer un but, une conséquence ou une cause et autres mots utiles. N'hésite pas à lancer tes propres recherches et retranscrire les mots que tu préfères.

CONNECTEURS ET MOTS-CHARNIÈRES

	préposition	conjonction et adverbe	conjonction de subordination
Cause	à cause de à la suite de en raison de grâce à du fait de	car en effet	parce que puisque comme étant donné que
Conséquence ou but	au point de de peur de assez... pour pour afin de en vue de	de là d'où donc aussi c'est pourquoi ainsi dès lors	pour que afin que si bien que de façon que de sorte que dès lors que tellement que tant que au point que
Addition	outre en plus de en sus de	et en plus de plus en outre par ailleurs ensuite d'une part d'autre part aussi également	outre que sans compter que et
Concession ou opposition	malgré en dépit de loin de contre au contraire de au lieu de	mais or néanmoins cependant pourtant toutefois au contraire en revanche	bien que quoique même si alors que tandis que tout... que quelque... que
Hypothèse	en cas de		si/ au cas où

NOTES DIVERSES

Ces notes servent à compléter ce qui n'a pas été dit auparavant, que ce soit au niveau descriptif, des sens, des lieux ou même des personnages. Ce peut être aussi des personnages secondaires ou tertiaires, des personnages qui apparaîtront dans un second roman qui sera une suite de celui-ci. Peu importe, ces pages sont là pour ça et je sais qu'elles ne sont pas superflues. J'ai des centaines de pages avec des notes de toutes sortes référant à d'autres romans, d'autres citations, des idées d'histoires, les idées de l'histoire en cours de production et encore plein d'autres.

NOTES DIVERSES 1

NOTES DIVERSES 2

NOTES DIVERSES 3

NOTES DIVERSES 4

NOTES DIVERSES 5

NOTES DIVERSES 6

NOTES DIVERSES 7

NOTES DIVERSES 8

NOTES DIVERSES:

LES MOTS DE LA FIN

Est-ce déjà la FIN ? Oui et non. Pour ce calepin, oui. Pour toi, non, pas du tout. Ce n'est que le début. Tout ce qui a été fait dans ton calepin est la base même de ton livre. C'est un fœtus en voie de naître. Tu es prêt à voir le jour ? Alors lance-toi. Ouvre ton ordinateur. Reproduis ta structure de texte et conserve tes notes précieusement près de toi, l'aventure n'est pas terminée.

Lorsque tu auras entamé l'écriture, souviens-toi que chaque ligne de ta structure est un paragraphe que tu dois développer. Chaque ligne peut représenter 1 page, ou 5 pages. C'est à toi de voir. Mais le plus important, comme ta structure est faite, tu peux prendre une des lignes de ta structure et ne travailler que sur cela. Donc en 15 minutes, tu peux facilement développer cette idée. Avec toutes ces tranches de 15 minutes ou plus, tu vas bâtir les premières pages de ton livre. Sans t'en rendre compte, ton récit va naître plus vite que tu ne le crois. Si tu crois qu'une idée va prendre plus de 15 minutes, passe à une autre. Tu n'es pas obligé de travailler en continuité, au contraire ! Développe les idées sur un seul personnage si tu veux. Il n'y a pas de règle. Pourquoi ? Parce que ta structure te le permet et tu ne te perdras pas dans tes idées, elles sont déjà agencées !

Cependant, n'oublie pas ton calepin. C'est la base même de ton récit. Surement que tu as écris des mots magiques sans t'en rendre compte. Ces mots te permettront de t'envoler plus haut que tu ne crois !

Je te laisse donc sur ces derniers mots. Tu as traversé le désert et affronté les tourments de l'enfer. Plus jamais tu n'auras peur d'une feuille blanche car maintenant tu sais. Tu vas voir la page blanche comme une infinie de possibilités qui s'offre à ton regard imaginaire. Tu vas apercevoir au-delà de l'immaculée blanche les milles aventures et ses personnages prendre vie. D'un coup de crayon, les traits vont se dessiner, les réactions et les expressions se former, les peurs et les bonheurs se suivre les uns à la suite des autres. C'est tout cela écrire. C'est tout cela créer. C'est tout cela devenir auteur.

Je te félicite de vouloir en devenir un. Il ne te reste qu'une chose à te rappeler, écris une histoire comme tu aimerais lire et adorer, en rêver et stimuler le lecteur en toi à créer un monde.

FIN... du début de ton aventure !

www.ingramcontent.com/pod-product-compliance
Lightning Source LLC
Chambersburg PA
CBHW031653040426
42453CB00006B/294